Oraciones
MI CATECISMO
Por Laila Pita

© Calli Casa Editorial, 2012
Yhacar Trust, 2025

Todos los derechos registrados. Prohibida la reproducción total o parcial de esta obra en todo su contenido: texto, dibujos, ideas e ilustraciones de portada, sin autorización por escrito.

www.solonovenas.com
#2500-020HC

ORACIONES QUE DEBE SABER UN BUEN CRISTIANO

AL TIEMPO DE PERSIGNARSE

Por la señal de la Santa Cruz de nuestros enemigos líbranos Señor Dios Nuestro En el Nombre del Padre, y del Hijo y del Espíritu Santo. Amén.

EL PADRE NUESTRO

Padre Nuestro, que estás en el cielo, santificado sea tu nombre; venga tu reino; hágase tu voluntad en la tierra como en el cielo. Danos hoy nuestro pan de cada día; perdona nuestras ofensas, como también nosotros perdonamos a los que nos ofenden; no nos dejes caer en tentación y líbranos del mal.

EL AVE MARÍA

Dios te salve, María; llena eres de gracia; el Señor es contigo; bendita tú eres entre todas las mujeres; y bendito es el fruto de tu vientre, Jesús. Santa María, Madre de Dios, ruega por nosotros pecadores, ahora y en la hora de nuestra muerte. Amén.

EL GLORIA

Gloria al Padre, y al Hijo y al Espíritu Santo. Como era en un principio, es ahora y siempre y por todos los siglos de los siglos. Amén.

EL CREDO

Creo en Dios Padre Todopoderoso, Creador del cielo y de la tierra. Y en Jesucristo su único Hijo, Señor nuestro. Que fue concebido por obra del Espíritu Santo: nació de Santa María Virgen; Padeció bajo el poder de Poncio Pilatos; fue crucificado, muerto y sepultado. Descendió a los infiernos; al tercer día resucitó de entre los muertos. Subió a los cielos y está sentado a la diestra de Dios Padre Todopoderoso. Desde ahí ha de venir a juzgar a los vivos y a los muertos. Creo en el Espíritu Santo. La Santa Iglesia Católica: la comunión de los Santos. El perdón de los pecados.- La resurrección de la carne y La vida perdurable. Amén.

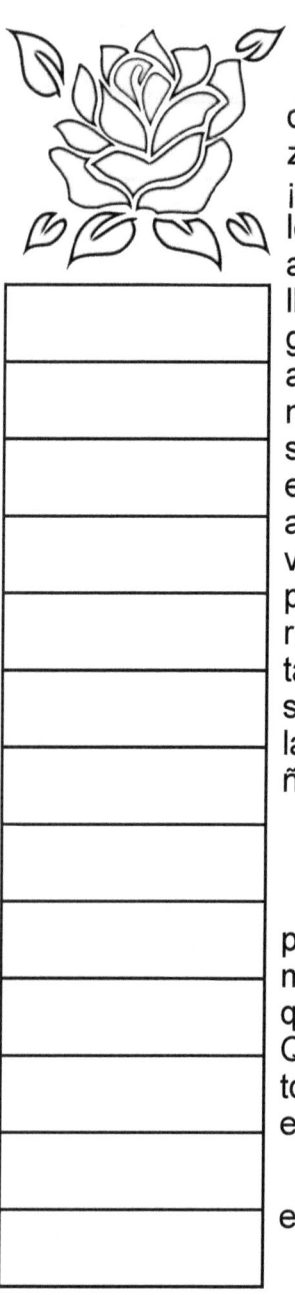

LA SALVE

Dios te salve, Reina y Madre de Misericordia, vida dulzura Y esperanza nuestra. ¡Dios te salve! A ti llamamos los desterrados hijos de Eva, a ti suspiramos gimiendo y llorando en este valle de lágrimas. Ea, pues, Señora y ahogada nuestra, vuelve a nosotros, esos tus ojos misericordiosos, y después de este destierro muéstranos a Jesús, fruto bendito de tu vientre, ¡oh clemente! ¡oh piadosa ¡oh dulce Virgen María! Ruega por nosotros santa Madre de Dios. Para que seamos dignos de alcanzar las promesas de Nuestro Señor Jesucristo. Amén.

AL LEVANTARSE

Dios mío, te doy gracias porque me concedes un día más de vida. No permitas que en él caiga en pecado. Que todos mis pensamientos, mis palabras y obras de este día, sean por amor tuyo.

REZAR: El Padre Nuestro, el Ave María y el Gloria.

AL ACOSTARSE

REZAR: el Padre Nuestro, el Ave María, el Gloria y el Acto de Contrición.

PARA ANTES DE COMER

Bendice oh Dios mío, el alimento que de tu mano paternal vamos a recibir, por Cristo Nuestro Señor. Amén.

PARA DESPUÉS DE COMER

Gracias a Dios que nos ha dado de comer sin merecerlo. Tu Divina Providencia nos asista en todo momento. Para que nunca nos falte casa, vestido y sustento.

ORACIONES PARA LA CONFESIÓN

PARA ANTES DEL EXAMEN

Jesús mío, quiero hacer una buena Confesión, ayúdame a hacerla. Ayúdame a recordar los pecados que he hecho (desde mi última confesión) ayúdame a dolerme con todo mi corazón de ellos, y a decirlos bien al Padre. Virgen Santísima, Madre mía, Santo Ángel de mi guarda y todos los Santos del Cielo, rueguen por mí para que haga yo una buena Confesión.

PARA PEDIR PERDÓN POR LOS PECADOS

Dame, buen Jesús, verdadero dolor de todos estos pecados y de los que no me acuerdo; Virgen María, Madre de Dios y Madre mía y todos los Ángeles del Cielo, rueguen por mí para que de veras me duela de mis pecados.

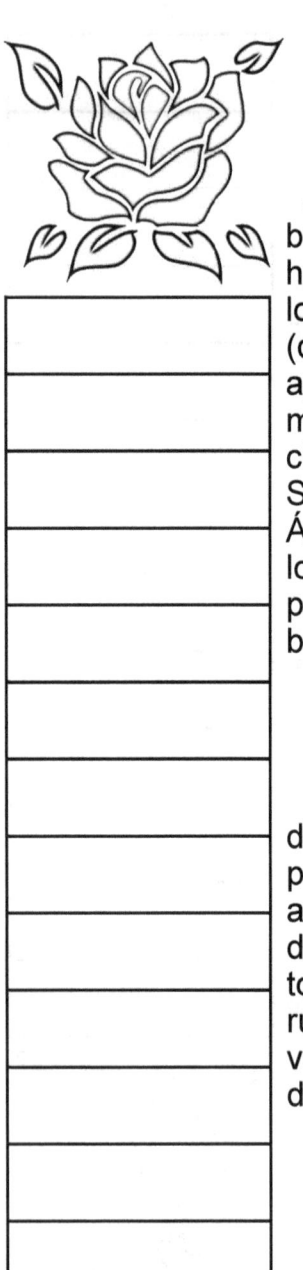

PARA OFRECER A DIOS EL PERDÓN DE LOS PECADOS

Dios mío, siento mucho haber pecado contra Ti porque Tú eres tan bueno y porque me amas tanto y con tu divina ayuda te prometo procurar nunca más ofenderte.

EL YO PECADOR

Para antes de confesarse.

Yo confieso ante Dios Todopoderoso y ante vosotros, hermanos, que he pecado mucho de pensamiento, palabra, obra y omisión por mi culpa, por mi culpa, por mi gran culpa, Por eso ruego a santa María siempre Virgen, a los Ángeles, a los santos, y a vosotros hermanos, que intercedáis por mí ante Dios, nuestro Señor.

Al final de la Confesión:

EL ACTO DE CONTRICIÓN

Señor mío Jesucristo, Dios y Hombre verdadero, Creador Padre y Redentor mío, por ser Tú quien eres y porque te amo sobre todas las

cosas, me pesa de todo corazón haberte ofendido; propongo firmemente enmendarme, confesarme y cumplir la penitencia que me fuere impuesta; te ofrezco mi vida, obras y trabajos en satisfacción de mis pecados; confío en tu bondad y misericordia infinitas que me perdonarás y me darás Gracia para enmendarme y perseverar en tu santo servicio hasta el fin de mi vida. Amén.

PARA DAR GRACIAS DESPUÉS DE LA CONFESIÓN.

Te doy gracias, Jesús mío, con todo mi corazón, por haberme perdonado mis pecados; te prometo con tu ayuda no volverlos a cometer; ayúdame a corregirme especialmente de los pecados que más hago, como (desobedecer, decir mentiras, etc.).

ORACIÓN PARA PEDIR LA GRACIA DE LA COMUNIÓN DIARIA

¡Qué dulce seria para mi, Señor, ser del número de aquellos dichosos cristianos a quienes un verdadero amor hacia Ti y un sincero deseo de verse libres de sus debilidades y defectos y de emplear toda su vida en tu santo servicio, los lleva todos los días a tu Sagrada Mesa!

Yo sé bien, Señor, que no soy, digno de ello, pero también sé que Tú, en tu infinita misericordia, no instituiste la Sagrada Eucaristía solamente como un premio a los buenos, sino también como un auxilio a los picadores arrepentidos. Es bajo este último concepto como me atrevo a acercarme a tu Sagrada Mesa, en la que espero encontrar el auxilio necesario para ser bueno y conservarme santo, para lo que te pido me concedas el mayor de todos los bienes que podemos alcanzar sobre la tierra . La gracia de la COMUNIÓN DIARIA.

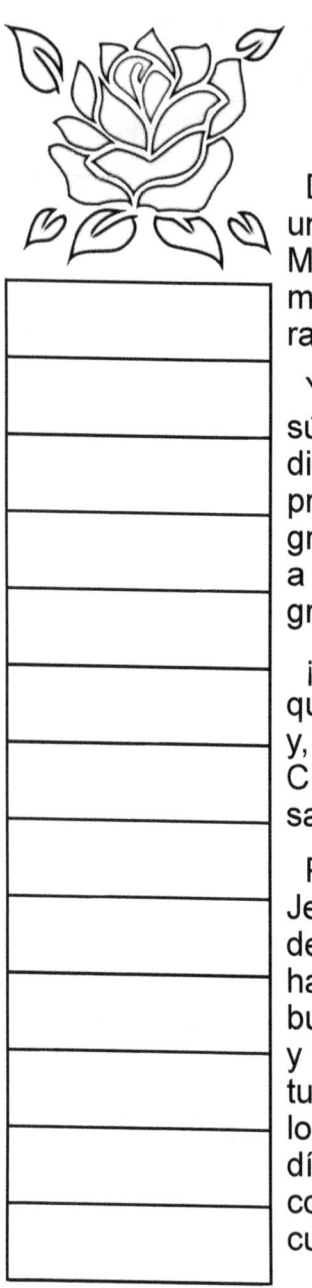

ORACIONES PARA LA COMUNIÓN

ANTES DE LA COMUNIÓN

Dios mío, ayúdame a hacer una buena comunión; María, Madre mía, Santo Ángel de mi Guarda, preparen mi corazón para recibir a Dios.

Yo CREO firmemente, Jesús mío, porque Tú lo has dicho, que estás realmente presente en la Hostia Consagrada y que, al comulgar, voy a recibir tu Cuerpo, tu Sangre. Tu Alma y tu Divinidad.

¡Cómo es posible, Señor, que Tú, el Rey de los cielos y, tierra, quieras venir a esta CRIATURA tuya, que confiesa haber pecado!

Pero yo ME ARREPIENTO, Jesús mío, de todo corazón de mis pecados, porque te han ofendido a ti, que eres tan bueno y digno de ser amado; y propongo firmemente con tu divina ayuda, no volverlos a cometer y amarte cada día más y recibirte cada vez con más devoción y más frecuentemente; pues sé bien,

Dios mío, que sólo en la Comunión encontraré la ayuda que necesito para ser bueno y para aumentar en santidad como Tú lo quieres.

Ahora, Jesús mío ven a mi corazón que ardientemente DESEA recibirte, unirse íntimamente contigo y ya nunca más separarse de ti.

A LA HORA DE LA COMUNIÓN

Al abrir el Sacerdote el Sagrario REZAR: el "Yo pecador":

Al levantar el Sacerdote la Forma. Señor mío y Dios mío.

Señor, yo no soy, digno de que vengas a mi, pero Una sola palabra tuya bastará para salvar mi alma.

(Sí hay tiempo para ello, se repite la oración antes de la Comunión).

En el momento de comulgar.

El Cuerpo de Nuestro Señor Jesucristo guarde mi alma para la Vida Eterna.

Acabando de comulgar

(Profundo acto de adoración en el que desde lo íntimo del corazón se adora a Dios).

DESPUÉS DE LA COMUNIÓN

Yo te ADORO, Señor mío Jesucristo, presente en mi corazón y en mi alma; en este momento soy como una custodia viviente tuya y así quiero conservarme siempre.

Te AMO sobre todas las cosas; si algún día he de ofenderte y apartarme de Ti, prefiero que en este minino momento me mandes la muerte.

Te doy GRACIAS con todo mi corazón porque se hayas dignado venir hoy a mí sin que yo lo merezca.

Sé que Tú has venido a mi corazón para darme fuerzas para no caer en pecado, para ser humo, para volverme Santo si yo así lo quiero; si lo quiero, Señor, si lo quiero; hazme bueno, hazme santo; y como para ello necesito comulgar frecuentemente y bien, te PIDO, Señor, que me des hambre de este pan, que yo te PROMETO recibir frecuentemente y cada día con más devoción.

¡Oh Jesús, Pastor eterno de las almas! Dígnate mirar con ojos de misericordia a esta porción de tu grey amada. Señor, gemimos en la orfandad. ¡Danos vocaciones! ¡Danos Sacerdotes Santos! Te lo pedimos por la Inmaculada Virgen María de Guadalupe tu dulce y santa Madre. ¡Oh Jesús! ¡Danos sacerdotes según tu corazón!

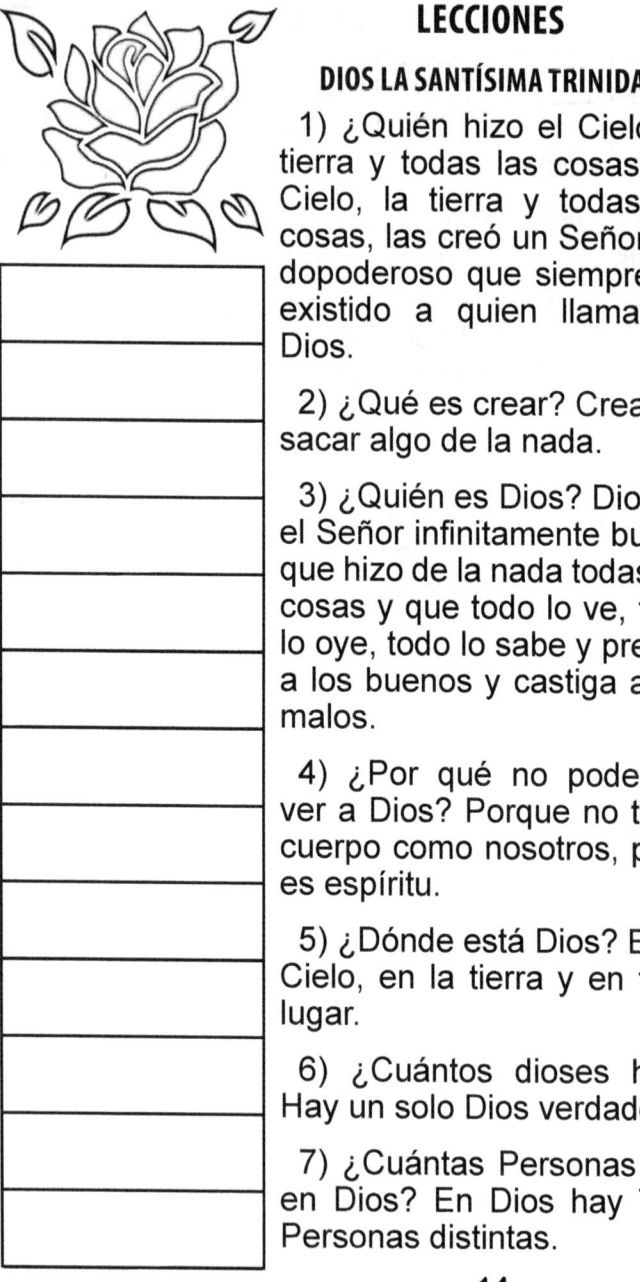

LECCIONES

DIOS LA SANTÍSIMA TRINIDAD

1) ¿Quién hizo el Cielo, la tierra y todas las cosas? El Cielo, la tierra y todas las cosas, las creó un Señor Todopoderoso que siempre ha existido a quien llamamos Dios.

2) ¿Qué es crear? Crear es sacar algo de la nada.

3) ¿Quién es Dios? Dios es el Señor infinitamente bueno que hizo de la nada todas las cosas y que todo lo ve, todo lo oye, todo lo sabe y premia a los buenos y castiga a los malos.

4) ¿Por qué no podemos ver a Dios? Porque no tiene cuerpo como nosotros, pues es espíritu.

5) ¿Dónde está Dios? En el Cielo, en la tierra y en todo lugar.

6) ¿Cuántos dioses hay? Hay un solo Dios verdadero.

7) ¿Cuántas Personas hay en Dios? En Dios hay Tres Personas distintas.

8) ¿Cuáles son las Tres personas que hay en Dios? El Padre, el Hijo y el Espíritu Santo.

9) ¿Quién es la Santísima Trinidad? La Santísima Trinidad es Dios Padre, Dios Hijo y Dios Espíritu Santo, Tres Personas distintas y un solo Dios verdadero.

DIOS PADRE: LA CREACIÓN

10) ¿Qué son los ángeles? Son espíritus puros que no podemos ver porque no tienen cuerpo.

11) ¿Para qué creó Dios a los ángeles? Dios creó a los ángeles para que sean sus soldaditos en la tierra.

12) ¿Qué es el Infierno? Un lugar de tormento eterno donde se meten, por sus propios actos, los seres que actúan con maldad.

13) ¿Qué son los demonios? Ángeles caídos o malos.

14) ¿En cuántos días creó Dios al mundo? En 6 días, pero no días terrestres, sino

días de la Creación.

15) ¿En qué día creó Dios al hombre? El sexto día creó Dios hizo al hombre a su imagen y semejanza.

16) ¿Cuántos hombres creó Dios en un principio? Un solo hombre y a una sola mujer.

17) ¿Cómo llamó Dios al primer hombre y a la primera mujer y dónde los puso? Dios llamó al primer hombre Adán y a la primera mujer Eva, y los puso en el Edén, un paraíso terrenal.

18) ¿Con qué fin creó Dios a Adán y a Eva? Para que fueran eternamente felices con El en el Cielo pero ellos desobedecieron y recibieron su castigo.

19) ¿Cómo castigó Dios a Adán y a Eva? Arrojándolos del Paraíso y los hizo mortales.

20) ¿Por qué pudieron Adán y Eva salvarse del Infierno después de su desobediencia? Porque la Segunda Persona de la Santísima Trinidad tomó sobre Sí el castigo

que merecían por y porque se arrepintieron sinceramente de su pecado.

21) ¿Qué es el pecado original? La desobediencia es el pecado, y sus consecuencias las heredamos todos sus descendientes, menos Nuestro Señor Jesucristo y la Virgen María.

DIOS HIJO: LA ENCARNACIÓN

22) Además del cuerpo; qué otra cosa nos dio Dios? Una alma que no podemos ver, pues es espiritual.

23) ¿Para qué nos dio Dios la vida? Para que fuéramos buenos y llevar después de la muerte nuestras almas al Cielo a estar con El eternamente felices.

24) ¿Por qué no podemos ser buenos solos? Si podemos ser buenos, sólo tenemos que resistir la tentación para no caer en el pecado.

25) ¿Qué necesitamos para ser buenos? La ayuda de Dios.

26) ¿Qué hizo Dios para

ayudarnos a ser buenos y salvarnos? La Segunda Persona de la Santísima Trinidad se hizo Hombre como nosotros.

27) ¿Cómo se hizo hombre Dios Hijo? Dios Hijo se hizo hombre naciendo de la Virgen María por obra del Espíritu Santo.

28) ¿Cómo se llama la Segunda Persona de la Santísima Trinidad hecha Hombre? Se llama Jesús, también Cristo o Jesucristo.

29) ¿Quién es la Virgen María? La Madre de Dios porque Nuestro Señor Jesucristo es Dios y es también Madre nuestra.

DIOS HIJO: LA REDENCIÓN

30) ¿Cuáles son las 3 cosas que hizo Nuestro Señor Jesucristo para salvarnos? Nos libró del castigo que merecen nuestros pecados y nos enseñó a ser buenos.

31) ¿Cómo nos libró N. S. Jesucristo del castigo que merecen nuestros pecados? Sufrió en la cruz al ser mar-

tirizado y muerto, clavado en una Cruz.

32) ¿Por qué debemos hacer la señal de la Cruz? Debemos hacer la señal de la Cruz porque la Cruz tiene la virtud de protegernos del mal, y en recuerdo de lo que Nuestro Señor Jesucristo sufrió por nosotros.

33) ¿Cuándo debemos hacer la señal de la Cruz? Al levantarnos, al acostarnos, antes de comenzar alguna buena obra, o cuando estamos en algún peligro.

34) ¿Cómo nos enseñó Nuestro Señor a ser buenos? Con su ejemplo y explicándonos 10 reglas de conducta que se llaman los 10 Mandamiento de la Ley de Dios.

35) ¿Cómo nos ayudó N. S. Jesucristo a ser buenos? Dejándonos los SACRAMENTOS y su IGLESIA.

36) ¿Quienes son los buenos y quienes los malos? Los buenos son los que obedecen los Mandamientos de Dios y los malos los que no los obedecen.

37) Cuando mueren los buenos ¿a dónde van sus almas? Van el Cielo a gozar de Dios para siempre.

38) ¿Dónde van las almas de los malos? Al Infierno a padecer suplicios.

39) ¿Qué es el Purgatorio? El purgatorio es un lugar de sufrimiento, a donde después de su muerte van a purificarse las almas de los que no fueron bastante buenos para ir directo al Cielo.

40) ¿Quién es el Argel de la Guarda? Es un Ángel a quien Dios ha encomendado el cuidado de cada uno de nosotros.

DIOS ESPÍRITU SANTO: LA IGLESIA

41) ¿Qué es la Iglesia Católica? Es la Sociedad asistida por el Espíritu Santo, que fundó nuestro Señor Jesucristo para santificarnos.

42) ¿Cómo nos santifica la Iglesia? Enseñándonos la Doctrina de Nuestro Señor Jesucristo y dándonos los Sacramentos.

43) ¿Quienes fueron los Apóstoles de Nuestro Señor? Fueron 12 de sus discípulos, a quienes dio la autoridad necesaria para instruir, gobernar y santificar a los fieles.

44) ¿A quién hizo Nuestro Señor Jefe de sus Apóstoles? A su Apóstol Simón, a quien cambió su nombre por el de Pedro.

45) ¿Para qué cambió Nuestro Señor a su Apóstol Simón, su nombre por el de Pedro? Porque Pedro significa "piedra" para que su mismo nombre significara que sobre él, como sobre una piedra, edificaba su Iglesia.

46) ¿Por qué creemos que la Iglesia Católica es la verdadera Iglesia de Cristo? Porque S. S. el Papa es el Sucesor legítimo del Apóstol San Pedro y es santa, católica y apostólica, como debe ser la Iglesia de Cristo.

47) ¿Qué hizo Nuestro Señor Jesucristo al tercer día después de su muerte? Resucitó como resucitarán

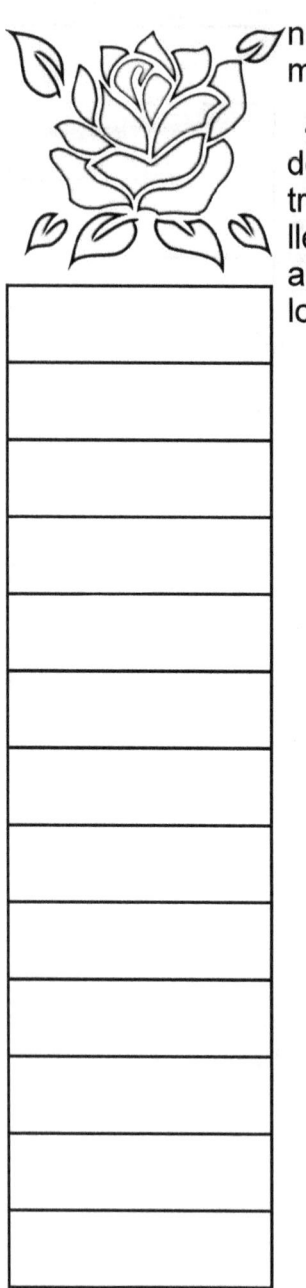

nuestros cuerpos al final del mundo.

48) ¿Qué sucederá al fin del mundo? Vendrá Nuestro Señor a juzgarnos para llevar a los buenos, con sus almas, al Cielo y mandará a los malos al Infierno.

LOS MANDAMIENTOS DE DIOS

49) Además de que N. S. Jesucristo haya muerto por nosotros ¿qué es necesario para salvarnos? Son necesarias 3 cosas para salvarnos: creer lo que El enseñó, que está compendiado en el Credo, obedecer sus Mandamientos y recibir sus Sacramentos.

50) ¿Qué son los Mandamientos? Son diez reglas de conducta que N. S. Jesucristo nos entregó para enseñarnos a ser buenos.

51) ¿Cuáles son los Mandamientos de la Ley de Dios? Los Mandamientos de la ley de Dios son los siguientes:

1º Amarás a Dios sobre todas las cosas.

2º No jurarás el Nombre de Dios en vano.

3º Santificarás las fiestas.

4º Honrarás a tu padre y a tu madre.

5º No matarás.

6º No fornicarás.

7º No hurtarás.

8º No levantarás falso testimonio, ni mentirás.

9º No desearás la mujer de tu prójimo.

10º No codiciarás cosas ajenas.

52) ¿Qué es el pecado? Se llama pecado a una desobediencia voluntaria a algún Mandamiento de Dios, o de la Iglesia.

EXPLICACIÓN DE LOS 10 MANDAMIENTOS

53) ¿Cuál es el Primer Mandamiento y a qué nos obliga? "Amarás a Dios sobre todas las cosas" nos manda: instruirnos en la religión; rezar con devoción nuestras oraciones; confesarnos, comulgar y prescindir de cualquiera cosa que pueda ofender a Dios.

54) ¿Cuál es el 2o. Mandamiento y qué nos ordena? "No jurarás el Nombre de Dios en vano" nos ordena: no poner a Dios por testigo - de que se dice la verdad o

- de que se cumplirá una promesa.

55) ¿A qué otra cosa nos obliga el 2o. Mandamiento? A hablar siempre con respeto de Dios, de la Virgen, de los Santos, de los Sacerdotes y - cumplir nuestras promesas.

56) ¿Cuál es el 3er. Mandamiento y qué nos ordena? "Santificarás las fiestas" nos manda: asistir a Misa entera los domingos y fiestas de guardar y a ser buenos.

57) ¿Cuál es el 4º. Mandamiento y a qué nos obliga? "Honrarás a tu padre y a tu madre" nos manda: amar, respetar y obedecer a nuestros padres y superiores.

58) Además de nuestros padres ¿quienes son los superiores? Además de nuestros padres los superiores son los maridos, los maestros, los amos y patrones, las autoridades civiles y sobre todo los Sacerdotes.

59) ¿Qué conducta debemos observar respecto de los defectos y virtudes de nuestros superiores? Debe-

mos estimar las virtudes y disimular sus defectos.

60) Además de los deberes de los inferiores ¿qué otros regula el 4o. Mandamiento? Regula también los de los superiores con los inferiores.

61) ¿Qué deberes tienen los padres con sus hijos? Amar a sus hijos, mantenerlos, vigilarlos, corregirlos y darles buen ejemplo.

62) ¿Cuál es el 5o. Mandamiento y qué nos prohíbe? "No matarás" nos prohíbe hacer mal a nadie en su alma ni injustificadamente en su cuerpo.

63) ¿Qué otras cosas prohíbe el 5o. Mandamiento? La ira, el odio, la gula, la embriaguez; inducir al prójimo a pecar y no perdonar las ofensas.

LOS 10 MANDAMIENTOS

64) ¿Cuál es el 6o. Mandamiento y qué prohíbe? "No fornicarás" prohíbe hacer, decir, desear o pensar algo que dañe la santidad de la unión de la pareja.

65) ¿Qué es la castidad? La castidad es la virtud que nos aparta de los placeres deshonestos, tanto de pensamiento, como de palabra y de obra.

66) ¿De qué manera se peca de pensamiento contra el 6o. Mandamiento? Se peca contra el 6o. Mandamiento por pensamiento pensando o deseando hacer cosas vergonzosas.

67) ¿De qué manera se peca de palabra contra el 6o. Mandamiento? Se peca de palabra contra el 6o. Mandamiento complaciéndose en oír o diciendo cosas que atenten contra la moral.

68) ¿De qué manera se peca de obra contra el 6o. Mandamiento? Haciendo amistad con personas deshonestas, acariciando personas que no son de la familia.

69) ¿Cuál es el 7o. Mandamiento y qué nos manda? "No hurtarás" nos manda no robar, pero además de esto nos ordena no perjudicar a nadie en las cosas de su pro-

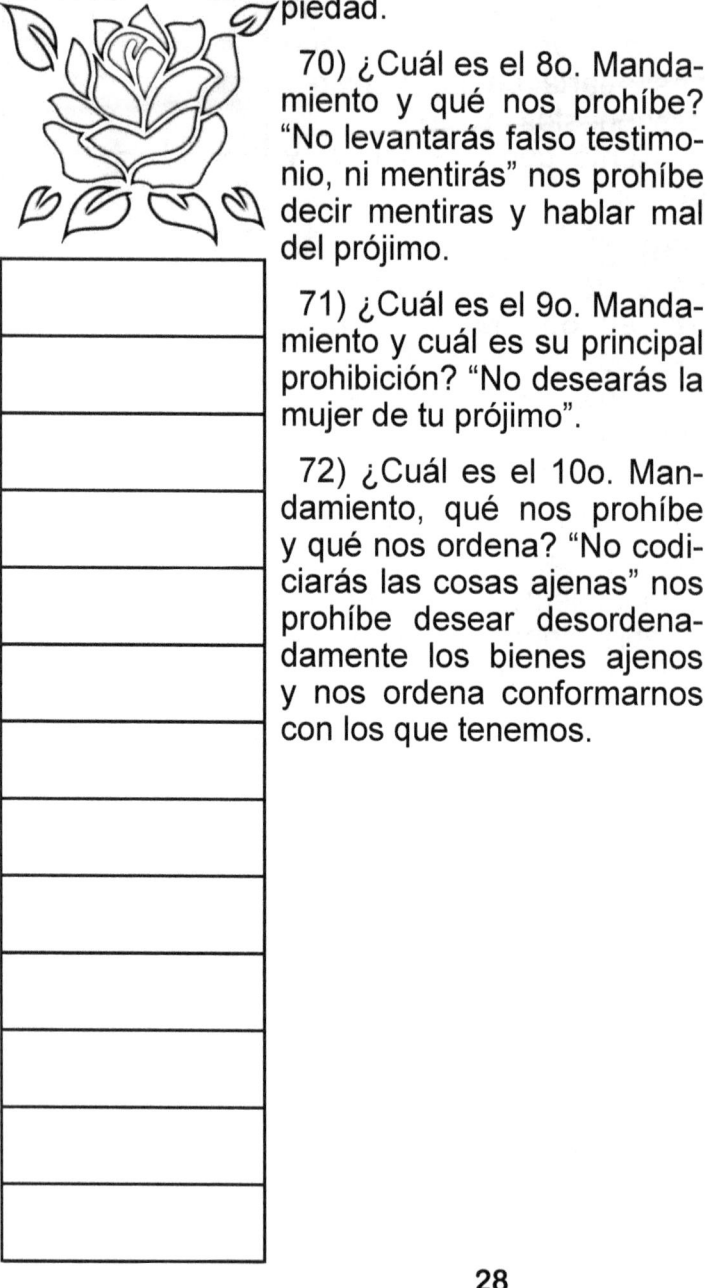

piedad.

70) ¿Cuál es el 8o. Mandamiento y qué nos prohíbe? "No levantarás falso testimonio, ni mentirás" nos prohíbe decir mentiras y hablar mal del prójimo.

71) ¿Cuál es el 9o. Mandamiento y cuál es su principal prohibición? "No desearás la mujer de tu prójimo".

72) ¿Cuál es el 10o. Mandamiento, qué nos prohíbe y qué nos ordena? "No codiciarás las cosas ajenas" nos prohíbe desear desordenadamente los bienes ajenos y nos ordena conformarnos con los que tenemos.

LOS MANDAMIENTOS DE LA IGLESIA

73) Además de los Mandamientos de Dios ¿qué otros debemos obedecer? Además de los Mandamientos de Dios, el cristiano debe obedecer los Mandamientos de la Iglesia.

74) ¿Cuántos y cuáles son los Mandamientos de la Iglesia? Los Mandamientos de la Iglesia son 5 a saber:

1º Asistir a Misa los domingos y fiestas de guardar.

2º Confesar por lo menos una vez al año, por la Cuaresma, y cuando hubiere peligro de muerte.

3º Comulgar por Pascua Florida.

4º Ayunar y no comer carne cuando lo manda la Iglesia.

5º Proveer a las necesidades de la Iglesia y de los Sacerdotes.

75) ¿Con qué frecuencia se debe confesar y comulgar? Los cristianos que cuidan debidamente de la salvación

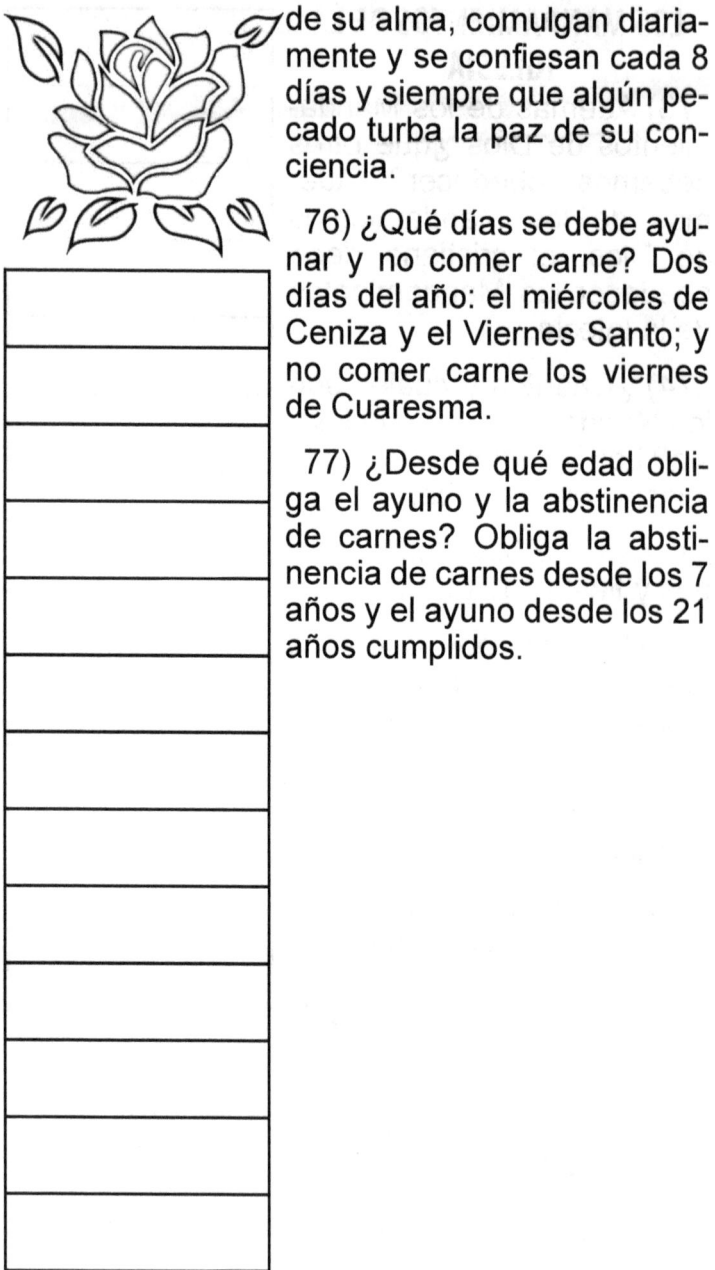

de su alma, comulgan diariamente y se confiesan cada 8 días y siempre que algún pecado turba la paz de su conciencia.

76) ¿Qué días se debe ayunar y no comer carne? Dos días del año: el miércoles de Ceniza y el Viernes Santo; y no comer carne los viernes de Cuaresma.

77) ¿Desde qué edad obliga el ayuno y la abstinencia de carnes? Obliga la abstinencia de carnes desde los 7 años y el ayuno desde los 21 años cumplidos.

LOS SACRAMENTOS

Son 7 los Sacramentos, porque nuestra alma, como nuestro cuerpo tiene 7 necesidades.

En efecto, nuestro cuerpo necesita: nacer, crecer, alimentarse, medicinas en caso de enfermedad, la vida de familia, autoridades que la gobiernen y auxilios especiales en caso de muerte.

Y nuestra alma:

1º Por el Bautismo nace a la Vida sobrenatural.

2º la Confirmación la fortalece en ella.

3º La Sagrada Eucaristía la alimenta.

4º La Confesión la sana en caso de enfermedad.

5º El Matrimonio la santifica en la familia.

6º El Sacramento del Orden le proporciona el gobierno espiritual que le es necesario.

7º La Extrema unción le procura los auxilios espirituales que necesita en caso de muerte.

Los católicos que no saben estimar el Sacramento del Orden, nunca podrán darse cuenta de la excelencia infinita de nuestra Santa Religión.

Los fieles que no reciben frecuentemente los Sacramentos de la Confesión y la Sagrada Eucaristía, están desperdiciando lo mejor de su Religión, la mejor de Cielos y tierra.

LOS SACRAMENTOS I

78) ¿Qué es la Gracia? La Gracia es el Don divino que nos santifica.

79) ¿Qué son los Sacramentos? Los Sacramentos son 7 Auxilios Sagrados que Nuestro Señor Jesucristo nos dejó para darnos la Gracia y santificarnos.

80) ¿Cuáles son los 7 Sacramentos? Los 7 Sacramentos son los siguientes:

1º El Bautismo.

2º La Confirmación.

3º La Confesión o Penitencia.

4º La Comunión o Eucaristía.

5º La Extremaunción.

6º El Orden Sacerdotal.

7º El Matrimonio.

81) ¿Qué es el Bautismo? Es el Sacramento que nos borra el pecado original y cualquiera otro que tengamos, nos da la Gracia, nos hace Hijos de Dios, Cristianos y Miembros de la Santa Iglesia.

82) ¿Cómo se administra el Bautismo? Derramando agua sobre la cabeza del bautizado, al mismo tiempo que se le dice: "Yo te bautizo en el Nombre del Padre y del Hijo y del Espíritu Santo".

83) ¿Quién debe bautizar? El Sacerdote, pero en caso de necesidad, cualquiera otra persona.

84) ¿Por qué debe bautizarse a los niños lo más pronto posible? Porque si mueren sin estar bautizados, no pue-

den entrar al Cielo.

LOS SACRAMENTOS II

85) ¿Qué es la Confirmación? Es el Sacramento en que recibimos la Tercera Persona de la Santísima Trinidad, Dios Espíritu Santo.

86) ¿Qué nos hace la Confirmación? Aumenta en nosotros la Gracia del Bautismo, nos vuelve valientes, verdaderos cristianos y nos hace soldados de Cristo.

87) ¿Qué es la Unción de los Enfermos?." Extremaunción" es el Sacramento que se da a los enfermos que están en peligro de muerte, para aumentarles la Gracia, se les borren los rastros del pecado y los conforte y ayude a bien morir.

88) ¿Qué es el Sacramento del Orden? El Sacramento del Orden es el que hace a quienes lo reciben, Sacerdotes, Obispos, verdaderos Ministros de Dios.

89) ¿Qué poderes da el Sacramento del Orden? El poder de celebrar la Misa, per-

donarnos los pecados y de darnos la Comunión y demás Sacramentos.

90) ¿Qué es el Sacramento del Matrimonio? Es el que reciben las personas que se casan.

91) ¿Qué auxilio proporciona el Sacramento del Matrimonio a los que se casan? Une indisolublemente a las personas que lo reciben, aumenta en ellas la Gracia santificante y las ayuda a amarse santamente, a educar a sus hijos y a darles buen ejemplo.

LA CONFESIÓN

92) ¿Qué es la Confesión? Es el Sacramento que Nuestro Señor Jesucristo nos dejó para perdonarnos nuestros pecados, devolvernos la Gracia y volvernos a su amistad.

93) ¿Qué cosa es confesarse? Es decir al Sacerdote nuestros pecados, arrepintiéndonos de ellos, para que nos perdone y quede limpia nuestra alma.

94) ¿Por qué pueden perdonarnos los pecados los Sacerdotes? Porque Nuestro Señor Jesucristo les dio el poder necesario para ello.

95) ¿Qué se necesita para que se nos perdonen los pecados en la Confesión? Para que se nos perdonen los pecados en la Confesión, es necesario ser honestos y humildes a la hora de confesarnos.

96) ¿Qué debemos hacer para confesarnos bien? Pedir a Dios su ayuda y hacer estas 5 cosas:

1º Pensar con cuidado en

los pecados que hemos hecho.

2º Arrepentirnos de ellos porque ofenden a Nuestro Señor Jesucristo, que es tan bueno con nosotros y que nos ha amado tanto.

3º Hacernos el propósito de no volverlos a cometer.

4º Decirlos al Sacerdote.

5º Cumplir la Penitencia que él nos imponga.

97) ¿Qué es la Penitencia Sacramental? Son oraciones u obras buenas que el Sacerdote nos manda hacer para desagraviar a Dios después de haber confesado nuestros pecados.

98) ¿Cuáles son las más importantes de las 5 cosas que debemos hacer para confesarnos bien? El arrepentimiento de los pecados.

MANERA DE CONFESARSE

99) ¿Qué oración rezamos antes de confesarnos? El "Yo Pecador".

100) ¿Qué decimos al sa-

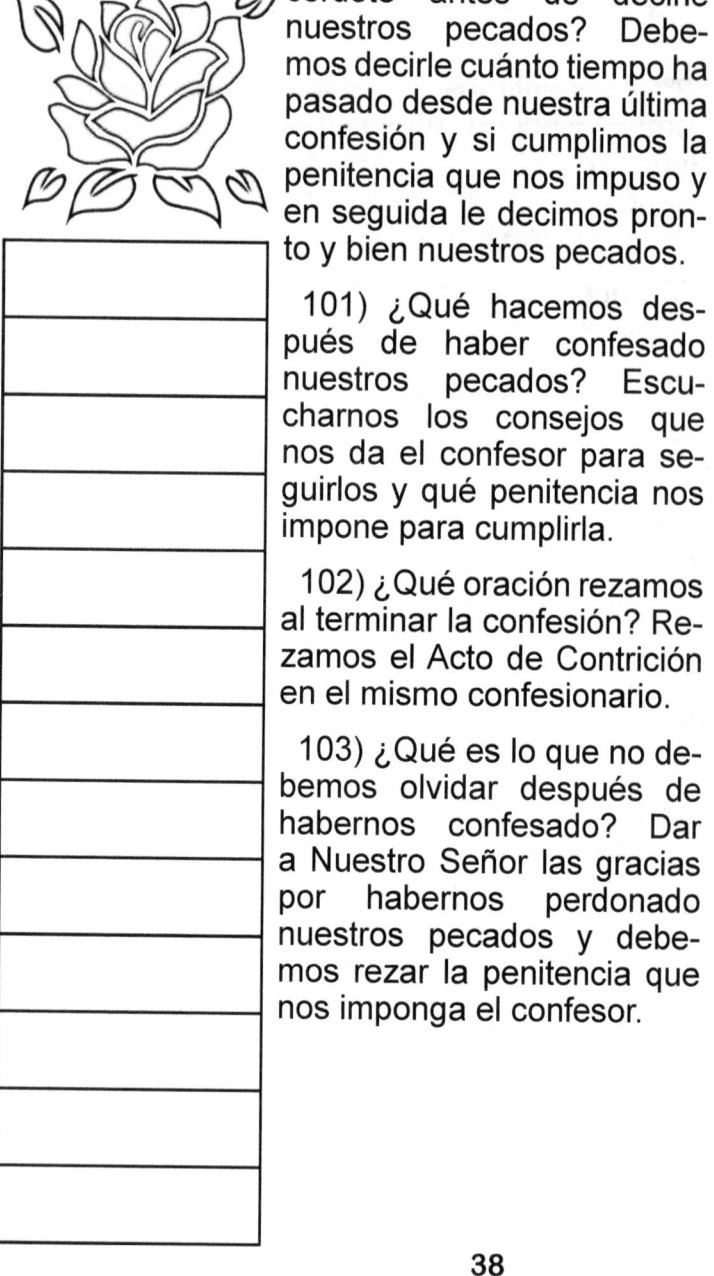

cerdote antes de decirle nuestros pecados? Debemos decirle cuánto tiempo ha pasado desde nuestra última confesión y si cumplimos la penitencia que nos impuso y en seguida le decimos pronto y bien nuestros pecados.

101) ¿Qué hacemos después de haber confesado nuestros pecados? Escucharnos los consejos que nos da el confesor para seguirlos y qué penitencia nos impone para cumplirla.

102) ¿Qué oración rezamos al terminar la confesión? Rezamos el Acto de Contrición en el mismo confesionario.

103) ¿Qué es lo que no debemos olvidar después de habernos confesado? Dar a Nuestro Señor las gracias por habernos perdonado nuestros pecados y debemos rezar la penitencia que nos imponga el confesor.

LA SAGRADA COMUNIÓN

104) ¿Qué es la Comunión? Es el Sacramento en que recibimos a Nuestro Señor oculto bajo las apariencias de Pan. Es Nuestro Señor Jesucristo, que nos Invita a recibirlo en la Sagrada Eucaristía diciéndonos: Yo soy el Pan vivo que he descendido del Cielo. Quien comiere de este Pan vivirá eternamente.

105) ¿Qué es comulgar? Comulgar es recibir en la boca y en el corazón, la Hostia Consagrada o Sagrada Eucaristía.

106) ¿Qué es la Eucaristía? Es una ruedita blanca en la que está oculto, pero vivo, Nuestro Señor Jesucristo.

107) ¿Cómo está Nuestro Señor en la Eucaristía? Nuestro Señor Jesucristo está en la Eucaristía, en Cuerpo, Sangre, Alma y Divinidad, tal como está en el Cielo.

108) ¿Por qué creemos que N. S. Jesucristo está en la Eucaristía? Creemos que Nuestro Señor Jesucristo

está realmente presente en la Sagrada Eucaristía, porque El así lo dijo.

109) ¿Para qué nos dejó N. S. Jesucristo la Eucaristía? Para aumentarnos la Gracia, ayudarnos a evitar el pecado y hacernos Santos.

110) ¿Qué debemos hacer para ser buenos? Debemos comulgar diariamente y bien.

111) ¿Cuándo dio N. S. Jesucristo a sus Apóstoles por primera vez la Comunión? La víspera de su Pasión y muerte, en la Ultima Cena que celebró con ellos.

112) ¿Cómo cambió N. S. Jesucristo el pan en su Cuerpo? Nuestro Señor Jesucristo después de haber cenado, tomó el Pan en sus santas y venerables manos, lo bendijo y lo cambió en su Cuerpo diciendo simplemente: ESTO ES MI CUERPO pues como Nuestro Señor es Dios, todo lo puede.

113) ¿Cómo cambió N. S. Jesucristo el vino en su Sangre? Nuestro Señor Jesucristo cambió el vino en su

Sangre diciendo ESTO ES MI SANGRE

Comunión Espiritual: Jesús mío, yo creo porque Tú lo dijiste, que estás en la Sagrada Eucaristía y ardientemente deseo recibirte para que me hagas bueno, para que me hagas santo; pero ya que no puedo recibirte sacramentalmente ahora, ven espiritualmente a mi alma y yo te prometo instruirme en mi Religión y comulgar con frecuencia.

LA SAGRADA COMUNIÓN II

114) ¿Cómo dio Nuestro Señor Jesucristo a sus Apóstoles el poder de cambiar el pan y el vino en su Cuerpo y Sangre? Diciéndoles: HACED ESTO EN MEMORIA MÍA.

115) ¿Cómo tienen los Sacerdotes el poder de cambiar el pan y el vino en el Cuerpo y la Sangre de N. S. Jesucristo? Porque lo han heredado de los Apóstoles, de quienes son los únicos Sucesores legítimos.

116) ¿Cuándo y cómo cambian los Sacerdotes el pan y el vino en el Cuerpo y la, Sangre de Nuestro Señor Jesucristo? A la hora de la consagración, tomando el pan y el vino en sus manos y diciendo como N. S. Jesucristo: ESTO ES MI CUERPO. ESTO ES MI SANGRE

117) ¿Qué hay sobre el Altar antes de la Consagración? Solo pan y vino.

118) ¿Qué hay sobre el Altar después de la Consagración? Nuestro Señor Jesucristo mismo oculto bajo la forma de pan y vino.

119) ¿Qué parte de N. S. Jesucristo está en una fracción de la Sagrada Forma? Está todo entero lo mismo en una Hostia que en dos o más, o en una parte de ella; y está también todo entero en todo el vino o en una simple gotita del mismo.

120) ¿Qué es mejor, comulgar con el Pan o con el Vino? Lo mismo es comulgar con la Sagrada Hostia que con una parte, o con la Sangre de

Nuestro Señor Jesucristo, o con las dos juntas.

Cuando el Sacerdote, llevando en las manos el sagrado Copón, se vuelve a los fieles, levanta en alto la Forma Consagrada para invitarlos a acercarse a comulgar diciéndoles:

"Señor, yo no soy digno de que vuestra divina Majestad entre en mi pobre morada, más decid una palabra y mi alma será sana".

El tañido de la campana que escuchamos entonces, es la voz de Nuestro Señor Jesucristo que nos llama a recibirlo.

MANERA DE COMULGAR BIEN

121) ¿Qué tan grande falta es comulgar en pecado grave? Es un sacrilegio.

122) ¿Qué debemos hacer para comulgar bien? Debemos prepararnos para recibir a N. S. Jesucristo y darle gracias después de haberlo recibido.

123) ¿Qué debemos preparar antes de comulgar? Debemos preparar con cuidado nuestra alma, nuestro cuerpo, y nuestro corazón para recibir en ellos al Rey de Reyes, al Señor de los Señores, al Rey de Cielos y tierra.

124) ¿Cómo preparamos nuestra alma para comulgar? Limpiando nuestra alma de toda mancha de pecado con una confesión bien hecha.

125) ¿Cómo preparamos nuestro cuerpo para comulgar? No tomando alimento sólido, ni bebidas alcohólicas, desde 1 hora antes de recibir la Comunión y llevando limpia la cara, las manos y el vestido.

126) ¿Cómo preparamos nuestro corazón para comulgar? Preparamos nuestro corazón pensando, antes de comulgar, en que el Rey del Cielo y de la tierra viene a un pobre pecador, manchado por sus muchos pecados; arrepintiéndonos de ellos y rezando las oraciones para antes de la Comunión.

127) ¿Qué debemos hacer después de comulgar? ADORAR a N. S. Jesucristo; DARLE GRACIAS por haber venido a nosotros; PEDIRLE que nos haga buenos y todo lo que necesitarnos; y PROMETERLE instruirnos en Religión y comulgar con frecuencia para ser buenos.

128) ¿Qué conviene rezar para terminar la Acción de Gracias después de comulgar? Rezar algunas oraciones a la Virgen Santísima y a los Santos de nuestra devoción.

129) ¿Cuánto tiempo debemos dedicar a dar gracias a Nuestro Señor después de la Comunión? Conviene que empleemos no menos de 15

45

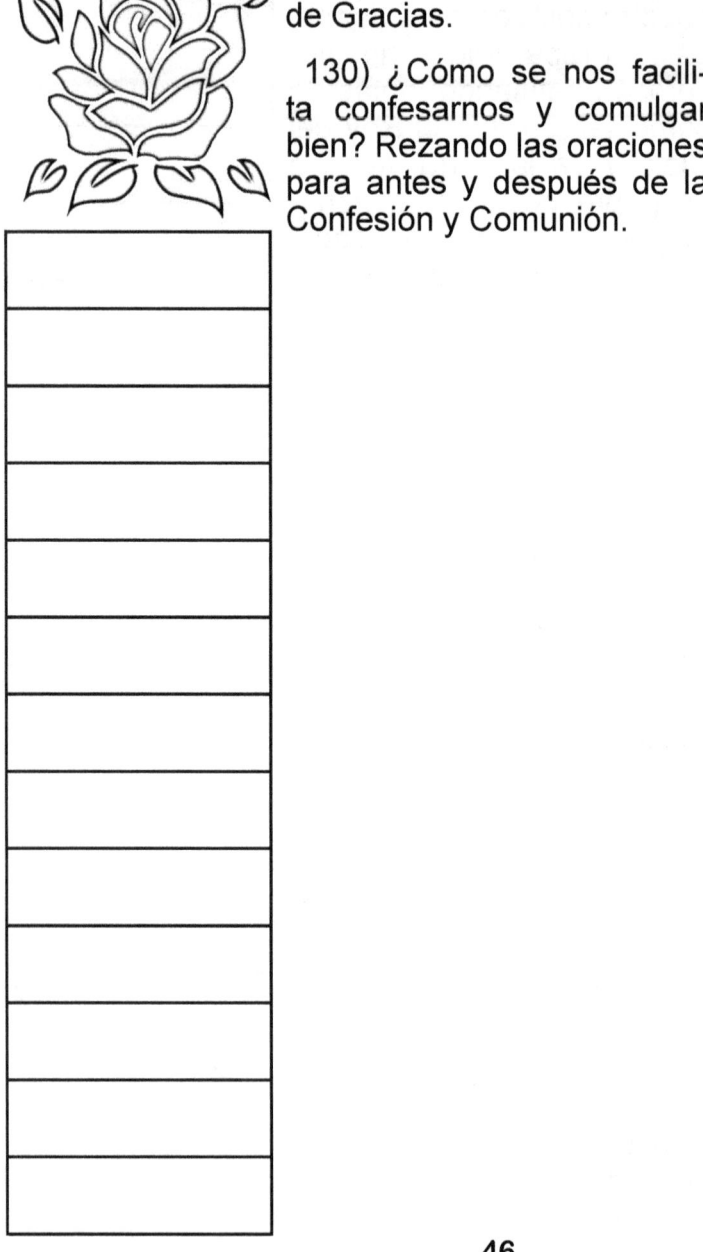

minutos en nuestra Acción de Gracias.

130) ¿Cómo se nos facilita confesarnos y comulgar bien? Rezando las oraciones para antes y después de la Confesión y Comunión.

LA SANTA MISA

131) ¿Cuál es el culto perfecto de adoración? Es el Sacrificio.

132) ¿Cuál es el máximo Sacrificio que haya sido ofrecido a Dios? Es el de Nuestro Señor muerto en la Cruz en el Calvario.

133) ¿Cuándo ofreció su Sacrificio N. S. Jesucristo al Eterno Padre? La víspera de su Pasión, en la Ultima Cena que celebró con sus Apóstoles.

134) ¿Cómo ofreció N. S. Jesucristo su Sacrificio al Eterno Padre? Nuestro Señor ofreció su sacrificio al Eterno Padre: 1) Ofreciéndole pan y vino; 2) cambiándolos en su Cuerpo y su Sangre; 3) dándolos a comer a sus Apóstoles.

135) ¿Cómo hizo N. S. Jesucristo Sacerdotes a sus Apóstoles? Dándoles el poder de ofrecer a Dios su Sacrificio y ordenándoles: "Haced esto el memoria mía".

136) ¿Qué es la Misa? Es

la renovación de la Ultima Cena y el mismo Sacrificio del Calvario.

137) ¿Cómo perpetúan los Sacerdotes el Sacrificio de N. S. Jesucristo? a) Ofreciendo como Nuestro Señor Jesucristo al Eterno Padre el pan y el vino; b) Cambiándolos en su Cuerpo y en su Sangre; c) Dándolos a comer a los fieles en la Santa Misa.

138) ¿Por qué únicamente los Sacerdotes Católicos pueden celebrar la Santa Misa? Porque sólo ellos son los sucesores legítimos de los Apóstoles y sólo ellos heredan el poder para celebrarla.

139) ¿Cuáles son los 4 fines de la Misa? Adorar a Dios, darle gracias, pedirle perdón por nuestros pecados y Pedirle favores.

140) Además de a N. S. Jesucristo ¿qué otra cosa debemos ofrecer en la Misa al Eterno Padre? Debemos en el Ofertorio de la Misa ofrecernos con El al Eterno Padre y nuestra vida, trabajos,

penas y nuestra muerte, en satisfacción de nuestros pecados.

LA ORACIÓN

141) Después de los Sacramentos Y de la Santa Misa, ¿qué es lo que más nos une a Dios? La Oración.

142) ¿Qué es la Oración? Orar es hablar reverentemente con la boca o con el pensamiento, con Dios, con la Virgen o los Santos, para alabarlos, darles gracias y pedirles favores.

143) ¿Cuál es la más excelente de las Oraciones? El Padre Nuestro, pues fue compuesta por Nuestro Señor Jesucristo mismo.

144) Después del Padre Nuestra ¿Cuál es la Oración que conviene recemos con más frecuencia? El Ave María, pues con ella alabamos a la gran Madre de Dios.

145) ¿Qué otras oraciones son especialmente de recomendarse? El Santo Rosario, el Acto de Contrición y la Comunión Espiritual.

Papá Dios: que tu sabiduría nos guíe; que tu luz ilumine nuestro camino; que tu amor nos de paz; que tu poder nos proteja, y que por donde quiera que caminemos, tu presencia nos acompañe. Gracias Papá Dios que ya nos oíste. Amén.

www.ingramcontent.com/pod-product-compliance
Lightning Source LLC
Chambersburg PA
CBHW071353160426
42811CB00094B/288